Gustave Planche

I0478361

Le fronton du Panthéon

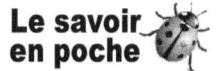

Le savoir
en poche

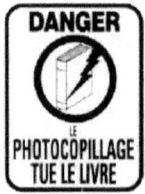
ISBN : 978-1547040605

10 9 8 7 6 5 4 3 2 1

Gustave Planche

Le fronton du Panthéon

Le savoir
en poche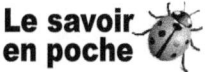

Table de Matières

Le fronton du Panthéon

M. David était naturellement appelé, par sa renommée, à décorer le fronton du Panthéon ; M. Guizot a donc bien fait de confier à cet artiste éminent la traduction de la légende inscrite au-dessous du fronton de cet édifice : *Aux grands hommes la patrie reconnaissante.* Il a bien fait d'accepter le programme proposé par M. David, et de laisser au statuaire une entière liberté, car il est bien rare que les programmes rédigés dans les bureaux soient en rapport avec les moyens dont le peintre ou le sculpteur dispose. Si M. Guizot, en choisissant M. David, n'a consulté que l'opinion publique, nous devons lui savoir gré de sa docilité ; s'il a obéi à son goût personnel, nous devons louer sa clairvoyance. M. d'Argout, qui, plusieurs fois, a prouvé à la chambre combien il est incapable de comprendre l'importance et la dignité de l'art, s'était effrayé du programme de M. David, et avait arrêté les travaux préparatoires du fronton. Heureusement M. Thiers, en arrivant au ministère, s'est hâté de lever le *veto* de M. d'Argout, et les travaux ont été repris selon la volonté primitive de M. David. Il est fâcheux que le caprice, l'ignorance ou la timidité d'un homme parfaitement étranger à la peinture et à la statuaire, ait ralenti la décoration du Panthéon ; mais, maintenant que l'œuvre est achevée, nous oublions volontiers M. d'Argout pour M. David. Nous étions d'autant plus impatient de voir et d'étudier le fronton du Panthéon, que, jusqu'ici, l'auteur n'avait pas encore rencontré un programme aussi magnifique, aussi digne de son habileté. Les bas-reliefs exécutés pour le tombeau du général Foy sont de petite dimension, et les batailles sculptées par M. David pour l'une des faces de l'arc de Marseille ne sont connues à Paris que par des modèles qui ont été triplés sur la pierre. Le fronton du Panthéon est donc pour nous le début de M. David dans la sculpture monumentale. Ce début a été ce qu'il devait être, c'est-à-dire une œuvre d'une science consommée, où la critique peut signaler quelques fautes de composition, mais dont l'exécution excitera, nous en sommes sûr, l'admiration unanime de tous les hommes habitués à contempler les plus beaux monuments de la statuaire antique. En présence du fronton du Panthéon, nous comprenons tout ce que M. David pourrait faire pour l'embellissement de nos édifices publics, si le ministère, au lieu de distribuer les travaux de sculpture et de peinture comme des aumônes, se décidait à les confier au plus digne. Les précédents ouvrages de M. David avaient éveillé en nous une espérance ambitieuse ; nous sommes heureux de trouver dans le fronton du Panthéon une œuvre qui ne trompe pas notre espérance. Les bustes de Châteaubriand et de Bentham nous ont prouvé, depuis longtemps, que M. David n'a pas de rivaux dans l'art de comprendre et d'interpréter la tête humaine ; le fronton du Panthéon nous prouve que cette merveilleuse faculté s'est agrandie de jour en jour, et nous ne croyons pas qu'il soit désormais possible à M. David de se surpasser dans cette partie importante de la statuaire. On sait que le talent de l'auteur consiste à deviner le sens intime d'une physionomie, et à rendre évidente, pour les yeux les moins clairvoyants, la pensée qui a dominé toute la vie de son modèle. Envisagés sous ce rapport, les bustes innombrables dont M. David a enrichi les principales villes de France et d'Europe, peuvent se comparer, sans exagération, aux plus beaux ouvrages de la Grèce. Sieyes et Merlin, Berzelius et Rauch ont la même finesse, la même précision, la même grandeur, que Bentham et Châteaubriand. Ces bustes savants expriment, avec une étonnante clarté, le caractère individuel de chaque modèle. Il est évident, pour tout homme familiarisé avec la réalité, que M. David s'est proposé, dans ces admirables ouvrages, quelque chose de plus que la reproduction littérale de la nature. Il règne dans tous les traits du visage une vie si abondante, une harmonie si pure, une logique si parfaite, qu'on devine difficilement la différence qui sépare le marbre sculpté de la réalité vivante ; mais, pour peu qu'on prenne la peine de comparer le buste au modèle, on s'aperçoit bien vite que le mérite principal de M. David consiste à interpréter la nature pour lutter avec elle. La jeune fille qui épèle du doigt le nom de Marco Botzaris se recommande par le même mérite. En effet, l'âge de cette jeune fille est celui qui offre à la statuaire les difficultés les plus nombreuses. Dans le passage de l'enfance à l'adolescence, le corps de la femme présente rarement des lignes harmonieuses ; la femme qui sera belle à seize ans, est souvent disgracieuse à quatorze. Pour traduire en marbre une femme de quatorze ans, il faut une habileté consommée, et surtout une grande hardiesse d'interprétation. Profondément pénétré de la nécessité d'obéir à cette condition, M. David a trouvé dans une fille de quatorze ans le sujet d'une composition exquise : il a corrigé sans violence la sécheresse et la maigreur de plusieurs parties de son modèle, et en même temps il a su conserver les lignes, encore indécises, du torse et des membres. Si cette statue, destinée au tombeau de Botzaris, était enfouie à vingt pieds de profondeur aux environs d'Athènes ou de Marseille, je suis sûr qu'elle tromperait la sagacité d'un antiquaire.

La statue de Gouvion Saint-Cyr, placée sur le tombeau du maréchal, est composée d'après les mêmes principes. Désormais il n'est plus permis de croire que le costume moderne résiste obstinément à tous les efforts du statuaire ; car M. David, sans omettre aucun élément de la réalité, a trouvé moyen d'unir la grandeur à l'élégance. S'il plaisait à l'administration de la liste civile d'ouvrir au public les portes du musée d'Angoulême, fermées depuis 1829, les partisans exclusifs de la draperie antique verraient dans les œuvres de la renaissance le parti que la statuaire peut tirer du costume moderne. Mais en attendant que ces élégantes figures du XIXᵉ siècle nous soient rendues, nous pouvons étudier, dans la statue de Gouvion Saint-Cyr, l'art d'assouplir et d'ordonner les différentes parties du costume moderne. Personne n'ignore que le costume du XIXᵉ siècle offre au ciseau bien plus de ressources que celui du XIXᵉ. La statue de Gouvion Saint-Cyr est donc un argument sans réplique. Le procédé employé par M. David dans la représentation fidèle, mais hardie, du maréchal, consiste à respecter, mais en même temps à élargir les différentes parties du vêtement, de façon à trouver des plis abondants et des lignes heureuses. Grace à l'application de ce procédé, le maréchal offre à l'œil des masses bien distribuées, et son costume militaire que M. David a reproduit complètement, n'a plus rien d'étroit ni de mesquin. Si M. Desprez, en composant la statue du général Foy, aujourd'hui placée à la chambre des députés, se fût pénétré, comme M. David, de la nécessité de l'interprétation, le plus populaire des orateurs de la restauration ne ressemblerait pas à un paysan endimanché.

Sans doute il est permis de comprendre et de traduire diversement la légende inscrite au-dessous du fronton du panthéon ; mais la diversité des commentaires et des traductions ne peut abolir le sens général de cette légende, et nous croyons que la reconnaissance de la patrie pour les grands hommes embrasse tous les moments de notre histoire, et tous les ordres de mérite qui ont honoré notre pays : car s'il en était autrement, le Panthéon, au lieu d'être un monument national, serait un monument de circonstance ; au lieu de s'adresser au peuple entier, il s'adresserait à une classe déterminée de la société française, et, si beau qu'il fût, il n'aurait plus qu'une importance secondaire. Je dis que cette légende : *Aux grands hommes la patrie reconnaissante*, doit embrasser tous les ordres de mérite ; car la patrie, c'est-à-dire la conscience une et continue des générations qui se succèdent sur le sol que nous habitons, est nécessairement impartiale et clairvoyante. Elle ne met pas le guerrier au-dessus du magistrat, l'orateur au-dessus du poète, l'homme d'état au-dessus de

Gustave Planche

l'historien, l'industrie au-dessus de l'art ; éclairée par les rayons qui lui arrivent de toutes parts, elle proclame dignes de reconnaissance toutes les œuvres qui peuvent servir à la gloire, à l'agrandissement, à l'indépendance, à la liberté de la nation. Elle est juste et généreuse, parce qu'elle est clairvoyante. Je dis que sa reconnaissance doit s'adresser à tous les moments de notre histoire, parce qu'elle n'est pas la conscience d'un siècle donné, mais bien celle de tous les siècles qui se sont succédé depuis que notre pays joue un rôle important dans l'histoire. La patrie est contemporaine de toutes les grandes actions, de tous les hommes éminents qui l'ont honorée ; c'est pourquoi il ne lui est pas permis de couronner les héros de la révolution fran-çaise, et d'oublier le premier législateur qui a réglé la conduite de nos ancêtres. Elle n'est pas obligée d'accepter comme illustres tous les hommes que les partis victorieux ont couronnés ; mais à moins de mentir à sa personnalité, à moins de mutiler sa conscience, elle est forcée de distribuer ses couronnes à tous ceux qui ont laissé de leur passage une trace glorieuse. Seule elle peut juger ce que les grandes figures du XVIe siècle doivent aux grandes figures du XVe. Libre de toute passion, aimant d'un amour égal tous ceux qui ont travaillé pour elle, elle ne partage pas l'orgueil insensé qui égare plusieurs de ses enfants ; elle ne méconnaît pas la lumière qui a disparu la veille derrière l'horizon, pour admirer la lumière qui nous éclaire aujourd'hui ; son approbation ne va jamais jusqu'à l'injustice. Pour elle, il n'y a pas de génie poétique ou militaire qui ne relève que de lui-même et ne doive rien au passé. Elle sait que les hommes les plus singuliers, les plus inattendus, ne sont que les anneaux d'une chaîne qui commence avec la nation et qui ne finira qu'avec elle. C'est pour-quoi elle doit témoigner une égale reconnaissance à Charlemagne et à Napoléon, à Sully et à Colbert. De la cime où elle est placée, elle n'aperçoit pas les petites passions, les petits intérêts, qui aux yeux des contemporains diminuaient le mérite des guerriers ou des hommes d'état ; elle ne voit que les grandes œuvres accomplies par eux, et elle se reprocherait de couronner Colbert au détriment de Sully, Napo-léon au détriment de Charlemagne. La patrie, telle que je la conçois, paraîtra, je n'en doute pas, à plusieurs esprits chagrins, froide et ina-nimée. L'universelle reconnaissance que je lui attribue, et sans la-quelle je ne la comprendrais pas, passera auprès de bien des juges pour une lâche amnistie offerte à tous les partis ; mais je maintiens ma pensée comme vraie.

Il me semble que le statuaire chargé d'exprimer la reconnaissance de la patrie pour les grands hommes devait tenir compte de tous les éléments du sujet. La science et la magistrature, la poésie et les arts, la politique et la guerre, avaient leur place marquée sur le fronton du Panthéon. Je suis loin de croire que M. David fût dans l'obligation de figurer tous les grands hommes de la France ; mais il eût été logique et conforme au sens de la légende de choisir, parmi les grands hommes de tous les moments de notre histoire, les plus éminents, les plus populaires ; à cette condition seulement, le statuaire pouvait se flatter d'avoir traité complètement le sujet qu'il avait accepté. Ainsi, j'aurais voulu voir parmi les magistrats, non-seulement les hommes célèbres qui ont présidé à l'administration de la justice, et contribué à la rédaction de nos lois, mais les courageux prévôts des marchands, les échevins dévoués, qui ont préparé l'affranchissement de la bourgeoisie. J'aurais désiré que Pascal et Descartes fussent placés à côté de Lagrange et de Laplace. Corneille et Molière devaient se trouver près de Voltaire et de Jean-Jacques Rousseau ; Nicolas Poussin et Jean Goujon près de Lesueur et de Gros. La politique et la guerre devaient être représentées avec la même indépendance, la même impartialité. Avant Barnave et Mirabeau, il fallait placer l'Hospital et Colbert ; avant Hoche et Napoléon, Charlemagne, Duguesclin et Bayard. Y avait-il sur le fronton du Panthéon place pour tous les hommes que je demande ? Je crois pouvoir me prononcer pour l'affirmative. Et, dans le cas où la place eût manqué, il eût toujours été possible de respecter le principe que je pose. Quel que fût le nombre des hommes appelés à représenter la gloire de la France, la raison prescrivait de choisir ces représentants, non dans un moment donné de notre histoire, mais en parcourant la biographie entière de la nation. Toutefois, je reconnais qu'il valait mieux se montrer sévère sur le choix des figures que de les multiplier indéfiniment, afin de leur donner une importance convenable. Le point capital, selon moi, était de donner au fronton un caractère grave, impartial ; or, pour atteindre ce but, il est évident que le statuaire ne devait pas circonscrire la reconnaissance de la patrie dans le cercle étroit d'un siècle donné. Quoique la destination actuelle du Panthéon remonte aux jours ardents de la révolution française, il n'y a aucune inconséquence à juger, à célébrer le passé avec une clairvoyance, une générosité que la révolution française ne connaissait pas. Elle avait sa tâche, et le siècle présent a la sienne. Engagée dans une lutte sanglante, elle n'avait pas le loisir de trier dans le passé ce qui mérite une éternelle reconnaissance ; elle continuait l'histoire et ne la comprenait pas. Son aveuglement ne doit pas être pour nous un sujet de reproche, mais il est bon, il est sage de le proclamer et de ne pas l'imiter. Les luttes réservées à la génération nouvelle sont d'une autre nature et permettent à la pensée de comprendre et de juger le passé avec plus de clairvoyance et de sérénité. C'est pourquoi le fronton du Panthéon, destiné à traduire l'opinion de la France sur les grands hommes qui l'ont honorée, devait juger le passé, non pas avec les passions de la révolution française, mais avec l'impartialité de la génération contemporaine. Puisque la restauration avait brisé les bas-reliefs sculptés dans les dernières années du xviiie siècle, puisque le fronton était vide, le statuaire avait une entière liberté.

M. David a compris autrement la reconnaissance de la patrie pour les grands hommes Il a cru devoir demeurer fidèle aux principes de la révolution française. À notre avis cette manière de concevoir le sujet a moins de grandeur et de richesse, mais elle a du moins le mérite de l'unité. Le statuaire a cru qu'il devait plutôt restituer qu'agrandir la pensée qui avait changé la destination primitive de Sainte-Geneviève. Il a vu dans le fronton du Panthéon l'occasion d'exprimer une opinion politique, précisément conforme aux espérances, à la conduite de la révolution française. Le sujet, ainsi conçu, se rétrécit et perd le caractère d'impartialité qu'il devrait avoir ; mais si nous blâmons la conception de M. David, nous ne la condamnons pas absolument, car il a usé de son droit en choisissant dans notre histoire un moment déterminé, et le problème se réduit à savoir s'il a bien exprimé ce qu'il voulait. Éclairé par la discussion, peut-être eût-il consenti à élargir son programme ; mais sa pensée, en cessant d'être personnelle, serait devenue moins claire et moins précise ; et quelle que soit la sincérité de nos réserves, nous pensons que tous les ministres futurs feraient bien d'imiter la conduite de M. Guizot à l'égard de M. David, et de ne pas gêner les statuaires dans la conception des bas-reliefs qui leur sont confiés.

À gauche, nous voyons Bichat, Voltaire et Jean-Jacques Rousseau, David, Cuvier, Lafayette, Manuel, Carnot, Berthollet, Laplace, Malesherbes, Mirabeau, Monge, Fénelon ; à droite, le général Bonaparte et des soldats choisis dans toutes les armes ; au centre, la figure de la Patrie, ayant à sa droite la Liberté, à sa gauche l'Histoire. Ainsi, à la gauche du spectateur, de nombreux portraits d'hommes célèbres ; à droite, Bonaparte seul à la tête de l'armée. Il est évident que le statuaire n'a pas sans dessein établi entre les deux moitiés de son bas-relief une telle différence de caractère. Il ne faut pas une grande clairvoyance pour deviner qu'il a voulu personnifier le peuple dans l'armée. Cette pensée prise en elle-même ne serait pas inacceptable ; mais une objection toute naturelle se présente. Ce que M. David a fait pour l'armée, ne pouvait-il pas le faire avec une égale justice pour la science et la magistrature ? S'il y a parmi les soldats obscurs, dont l'histoire n'a pas recueilli les noms, des hommes qui auraient pu devenir des Turenne ou des Catinat, n'y a-t-il pas aussi parmi les esprits studieux à qui le temps et la liberté ont manqué, des hommes qui, placés dans une condition meilleure, auraient marché sur les traces de Descartes et de Pascal ? L'intention de M. David a-t-elle été de montrer que la gloire est accessible à tous, et que la patrie n'est ingrate envers personne ? Si telle a été son intention, il aurait pu l'exprimer plus clairement ; et puisqu'il avait placé aux deux extrémités de son bas-relief des enfants et des hommes de vingt ans qui se préparent à la grandeur par l'étude, il n'avait pas besoin de figurer la gloire militaire de la France par les armes diverses de l'armée. Je ne voudrais pas exagérer l'importance de mes objections, mais je ne crois pas devoir les passer sous silence, car le parti adopté par M. David donne à la partie droite de sa composition une sorte d'obscurité. L'œil, après avoir reconnu les différents portraits qui occupent la partie gauche, cherche à reconnaître les guerriers en qui M. David a personnifié la gloire militaire, et cette étude inutile nuit à l'effet général de l'ouvrage. Autant je blâme l'expression anonyme de la gloire militaire, autant j'approuve la manière ingénieuse dont M. David a traduit les relations qui unissent l'étude à la grandeur. C'est là une pensée vraiment claire, qui s'explique par elle-même et qui n'a besoin d'aucun commentaire. Il était permis de craindre que le statuaire, ne sachant comment remplir les deux extrémités angulaires du fronton, ne se résignât à les garnir de figures inutiles ; les élèves des écoles savantes, que M. David a placés derrière les grands hommes couronnés par la patrie, contentent l'œil et la pensée.

Quant aux portraits que l'auteur a placés à gauche du spectateur et qui appartiennent tous, moins un, au dix-huitième siècle, ils ne sont ni choisis ni ordonnés d'une façon bien naturelle. Pourquoi Bichat précède-t-il Jean-Jacques Rousseau et Voltaire ? Manuel est assurément un des orateurs les plus habiles de la restauration ; mais le général Foy avait un talent plus populaire, et à ce titre M. David aurait dû le préférer à Manuel. David a produit dans la peinture française une réaction salutaire ; si *les Sabines* et le *Léonidas* méritent des reproches nombreux, il serait injuste de méconnaître les services rendus au goût français par le retour violent de David aux types de la beauté antique. Mais David ne peut représenter dignement la peinture française, puisque la France a produit Nicolas Poussin et Lesueur, Gros et Géricault. Berthollet, Monge et Laplace ont laissé dans la science des traces glorieuses, et pour leur disputer la place qu'ils occupent, il faut s'appeler Lagrange ou Descartes. Pourquoi Fénelon se trouve-t-il au milieu des hommes illustres du xviiie siècle ? Est-ce en qualité de poète ou de moraliste ? M. David a-t-il voulu honorer dans l'évêque de Cambrai le précurseur des hardis esprits de la Constituante ? S'est-il rappelé la satire du gouvernement de Louis XIV, présentée avec tant de réserve dans quelques chapitres de *Télémaque* ? Mais il y a dans les tragédies de Corneille et dans les oraisons funèbres de Bossuet, des hardiesses bien autrement effrayantes pour la royauté absolue que la peinture du royaume d'Idoménée. M. David a-t-il voulu honorer dans Fénelon l'élégance et l'harmonie du style ? Mais *Britannicus* et *Athalie* surpassent l'élégance et l'harmonie de *Télémaque*. Je déclare donc sincèrement ne pas savoir pourquoi Fénelon coudoie sur le fronton du Panthéon les grands hommes du xviiie siècle. Dans le système d'impartialité qui, selon moi, aurait dû régir toutes les parties du fronton, la présence de Fénelon n'aurait rien de singulier ; le parti adopté par M. David donne à l'évêque de Cambrai l'air d'un homme dépaysé. Malesherbes et Carnot sont à leur place.

La composition du fronton n'est donc pas précisément ce qu'elle devrait être. Non-seulement la partie droite n'est pas en harmonie avec la partie gauche ; mais la partie gauche elle-même n'est pas aussi claire qu'on pourrait le désirer. Il y a dans la réunion des hommes que M. David a groupés autour de la patrie reconnaissante quelque chose de fortuit. L'ordre selon lequel sont disposés les portraits pourrait être changé sans inconvénient, et même avec avantage. Ce défaut, qui frappera tous les esprits sérieux, se rencontre fréquemment chez les sculpteurs contemporains. La statuaire trouve si rarement l'occasion de représenter de grandes scènes, ou d'exprimer des idées complexes, qu'elle oublie peu à peu la science de la composition proprement dite. Livrée tout entière au soin de l'exécution, elle se trouble dès qu'il faut établir des relations logiques entre des figures nombreuses. Pour relier étroitement les diverses parties d'un fronton tel que celui du Panthéon, il faudrait que les grands travaux ne fussent pas un hasard, mais une habitude.

Nous connaissions depuis longtemps l'habileté merveilleuse avec laquelle M. David comprend et traduit la physionomie des hommes illustres ; les portraits sculptés sur le fronton du Panthéon soutiendront dignement la gloire qu'il s'est acquise par ses bustes si variés et si vrais. Nous croyons même pouvoir affirmer qu'il a traité les portraits du fronton avec plus de largeur et de liberté que les portraits, si justement admirés, de Bentham et de Châteaubriand. Les bustes de Goëthe et de Tieck, exécutés dans les mêmes proportions à peu près que les têtes du fronton, malgré la science que l'auteur y avait déployée, étaient loin de plaire à tous les hommes d'un goût exercé ; ces deux têtes gigantesques causaient plus d'étonnement que de plaisir. Les têtes du fronton placées sur les épaules de personnages complets ont peut-être une beauté plus simple, et n'étonnent personne. Je n'aime pas l'attitude de Bichat venant déposer sur l'autel de la Science son *Traité de la vie et de la mort*. La tête de Rousseau est pleine de grâce et d'intelligence ; jamais l'auteur *d'Émile* n'a été représenté sous des traits plus harmonieux et plus purs. Mais peut-être M. David a-t-il eu tort de nous montrer Jean-Jacques adolescent tel que nous le connaissons par ses *Confessions*, tel qu'il était à l'époque de ses premières aventures, de ses innocentes amours. Jean-Jacques avait quarante ans quand il écrivit sa première page, et le Jean-Jacques de M. David n'a pas plus de vingt-cinq ans. Quoique la tête que M. David lui a donnée soit très belle, je l'eusse mieux aimée ayant vingt ans de plus. La tête de Voltaire est également rajeunie de quelques années ; cependant la saillie des pommettes est franchement accusée, les joues sont creusées par un sillon vertical, et le Voltaire de Houdon ne peut lutter, par la pénétration et la vivacité du regard, avec le Voltaire de M. David. L'auteur des *Sabines* est d'une grande ressemblance. Le sculpteur, sans se résoudre à nous présenter le côté difforme de la tête, n'a pourtant pas négligé d'indiquer la grimace des lèvres. George Cuvier n'était qu'un jeu pour M. David, qui, depuis longtemps, s'était familiarisé avec la tête de l'illustre naturaliste. Nous avons retrouvé dans le portrait du fronton, comme dans le buste du même auteur, l'intelligence, la sérénité, et en même temps l'absence complète de volonté. Il est permis, sans doute, de ne pas accepter littéralement les doctrines de Lavater ou de Gall ; mais un esprit habitué à juger les hommes, ne peut confondre la physionomie volontaire et la physionomie intelligente. Certes, la tête de Cuvier, livrée à la sagacité d'un homme qui ne le connaîtrait pas, ne sera jamais prise pour celle d'un capitaine ou d'un orateur habitué aux luttes de la tribune. Le portrait de Cuvier est digne d'étude et d'admiration. La tête de Lafayette est tout ce qu'elle pouvait être, pleine de douceur, de bonhomie, de probité ; mais la forme conique de la partie supérieure s'oppose impérieusement à ce que la tête soit belle. Toutefois, je préfère ce portrait au buste que l'auteur a fait du même modèle.

L'attitude que M. David a donnée à Manuel manque de naturel.

Gustave Planche

Il n'est pas vraisemblable que l'orateur, pour recevoir de la patrie la couronne méritée par sa courageuse éloquence, se drape dans son manteau ; plus simplement posé, il serait plus grand. La tête exprime nettement l'énergique volonté à laquelle Manuel a dû la meilleure partie de son talent. Quoiqu'elle rayonne d'intelligence, elle signifie plutôt la hardiesse du caractère que la profondeur de la pensée. Carnot et Berthollet se distinguent également par la noblesse des lignes et la fermeté du modelé. Laplace, comme George Cuvier, est un chef-d'œuvre de finesse et de précision. Il est impossible de traduire plus clairement, avec plus d'élégance et de simplicité, l'intelligence arrivée aux dernières limites de son développement, suffisant seule à remplir toute la vie, et ne laissant place ni aux passions, ni à la volonté. La tête humaine, ainsi comprise, révèle dans le statuaire une science infinie et patiente ; le portrait de Laplace résume toute la biographie de l'illustre astronome, car le statuaire a écrit sur le front de son modèle en caractères lumineux : comprendre sans vouloir.

Au premier aspect, l'attitude de Malesherbes étonne par sa raideur et son emphase ; mais peu à peu l'œil et la pensée se familiarisent avec la physionomie sévère du magistrat, et l'attitude que M. David lui a donnée ne tarde pas à paraître naturelle, car elle est en harmonie avec la tête. On sait d'ailleurs que l'habitude de porter la robe donne aux magistrats une gravité voisine de l'emphase. M. David a donc fait preuve de bon sens en ne soumettant pas Malesherbes aux lois de l'élégance.

La tête de Mirabeau comptera certainement parmi les œuvres les plus savantes de la statuaire. Les marquises du XVIIIe siècle admiraient la laideur de Lekain, et allaient même jusqu'à le trouver beau dans le rôle d'Orosmane ; M. David, tout en respectant la laideur de Mirabeau, a su donner au monstre une grandeur, une énergie, qui sont bien près de la beauté. Il n'a omis ni l'expression libertine des lèvres, ni la colère du regard, ni la dilatation insolente des narines : il nous a rendu Mirabeau tel que nous le connaissons par le masque moulé sur nature ; mais il a mis dans les traits du tribun une harmonieuse unité. La tête du Mirabeau de M. David est plus longue que celle du modèle, et cependant il faut une étude assez longue pour s'apercevoir de cette différence. Je suis sûr que le Mirabeau de la Constituante, dans ses plus beaux élans d'éloquence, n'avait ni plus d'animation ni plus de grandeur que le Mirabeau de M. David. La tête sculptée sur le fronton du Panthéon enseignera aux statuaires de notre âge l'art si difficile d'embellir la laideur en l'interprétant.

Le portrait de Monge, qui n'offrait pas les mêmes difficultés, honore cependant l'habileté de l'auteur, car la tête du géomètre français peut passer pour vulgaire. M. David, en affermissant la ligne des orbites, lui a donné une sorte de sévérité ; il l'a corrigée sans la transformer. Je regrette qu'il se soit mépris sur l'expression de la tête de Fénelon. Tout le monde sait que l'instituteur du duc de Bourgogne avait un visage long, quelque peu maigre, mais plein de finesse et de douceur. Or, M. David, en élargissant le diamètre de la face, a diminué la finesse de la tête ; il a modelé le front, la partie supérieure des orbites et surtout les tempes, de telle façon que la tête, au lieu d'exprimer la mansuétude et la mystique rêverie, signifie, pour tout homme habitué à l'analyse du visage, l'énergie et l'amour de la lutte. Il est probable que M. David, en modelant la tête de Fénelon, a plutôt consulté le rôle qu'il assignait à l'évêque de Cambrai, que le caractère historique de son modèle.

Le portrait du général Bonaparte sera proclamé, d'une voix unanime, admirablement beau. L'auteur a su concilier dans cette tête l'ardeur, l'élégance et la fierté. La courbe de l'orbite appartient à un cercle d'un si grand rayon, qu'elle paraît presque droite, et l'œil enchâssé sous cette voûte regarde la Patrie d'un air impérieux. Les lèvres minces et comprimées expriment l'impatience et l'obstination. Quant au front, il resplendit d'intelligence et de volonté, et quoique l'attitude du général victorieux soit un peu théâtrale, l'œil oublie la ligne du corps pour retourner au visage radieux.

Je n'approuve pas le parti adopté par M. David pour la personnification de la gloire militaire, je pense que la partie droite du fronton n'est pas en harmonie avec la partie gauche ; mais je me plais à louer l'exécution des figures qui malheureusement n'ont aucun nom historique. L'artilleur, le marin de la garde, le grenadier, le dragon, le lancier, le hussard, le tambour et le cuirassier, sont traités avec une souplesse et une largeur qu'on ne pourrait méconnaître sans injustice. Chacune de ces figures, étudiée individuellement, est un prodige d'habileté. Cependant le grenadier de la trente-deuxième demi-brigade appelle particulièrement l'attention ; la tête de ce vieux soldat est admirable de noblesse ; il attend la récompense due à son courage avec une ardeur pleine de confiance. Dans l'exécution de cette figure, M. David a franchement abordé toutes les difficultés que présentait la reproduction de la réalité. Il n'a omis ni le chapeau à trois cornes, ni les cheveux nattés, ni la longue moustache, et il a résolu tous ces problèmes avec une adresse consommée. Je ne sais pas si le grenadier de M. David est un portrait, mais j'incline à le penser. Si l'auteur a composé librement toutes les parties de cette belle et grande figure, s'il n'avait pas sous les yeux les traits qu'il a sculptés dans la pierre, nous devons le féliciter du bonheur avec lequel il a su concilier l'invention et la réalité. Désormais il ne sera plus permis de croire que la statuaire est inhabile à reproduire le type du soldat moderne ; car M. David a montré, dans le grenadier de la trente-deuxième demi-brigade, que le ciseau, conduit par une main savante, peut enrichir les détails les plus mesquins. Une fois résolu à personnifier la gloire militaire dans les armes diverses de l'armée, l'auteur était naturellement amené à traiter chacune de ces armes avec un soin patient. Décidé à ne placer, sur la partie droite du fronton, que des héros anonymes, il devait leur attribuer toute la noblesse, toute l'élégance, toute la vigueur dont l'imagination se plaît à douer les guerriers enthousiastes. Personne, je crois, n'osera contester à M. David le mérite d'avoir accompli rigoureusement la condition qu'il s'était imposée. Son grenadier prendra rang parmi les plus beaux ouvrages de la statuaire moderne.

Le tambour d'Arcole, placé au premier plan comme le grenadier, a été pour M. David l'occasion d'un nouveau triomphe. La tête de cet enfant respire une pieuse ardeur. Il est fier d'avoir, par son dévouement, assuré la victoire à l'armée française, et il se présente hardiment pour recevoir des mains de la Patrie la couronne acquise aux belles actions. Cette figure ne se recommande pas seulement par la pureté de l'expression, mais bien aussi par la jeunesse et la simplicité des plans du visage. Le tambour d'Arcole n'a pas plus de quinze ans, et l'on sait combien il est difficile de reproduire un modèle de cet âge. La forme n'est pas encore nettement accusée ; en essayant de lutter avec la nature, le ciseau court le danger d'arrondir les chairs et d'effacer la vie. M. David a su éviter cet écueil, et conserver cependant la jeunesse de son modèle. L'attitude de cette figure est bien ce qu'elle devait être, animée, ardente, déduite logiquement de l'expression de la tête. La quatrième classe de l'Institut, à laquelle M. David appartient, mais dont il est loin de suivre les doctrines, ne manquera certainement pas de réprouver le tambour d'Arcole comme indigne de la statuaire ; il se trouvera parmi les professeurs des Petits-Augustins des esprits assez judicieux pour affirmer que le ciseau déroge en traitant de pareils sujets, et que le tambour d'Arcole est et sera toujours la propriété exclusive de la lithographie. Il est facile de prévoir le rire dédaigneux avec lequel les défenseurs aveugles de la tradition accueilleront cette figure plébéienne ; mais il est probable que ni la foule, ni les hommes éclairés, ne partageront l'avis de l'Académie. M.

David, ayant à traiter un sujet moderne, a bien fait d'accepter toutes les conditions du programme qu'il s'était tracé. D'ailleurs il a prouvé, dans son tambour comme dans son grenadier, que le ciseau d'un artiste éminent ennoblit tout ce qu'il touche. Ce qui eût été pour un statuaire médiocre l'occasion d'une défaite a été pour lui l'occasion d'une lutte glorieuse avec la réalité. La tête seule du tambour d'Arcole, par la finesse et la simplicité du modelé, suffirait à fonder la renommée d'un statuaire ; l'énergie et l'ardeur de l'attitude, en complétant cette belle création, assurent à M. David la sympathie et les suffrages de tous les hommes de goût.

Le hussard et le dragon sont empreints d'une vigueur héroïque. Je crois que la tête du lancier serait plus belle si M. David n'eût pas confondu la ligne du nez avec la ligne du front. Tel qu'il est, le profil du lancier n'est pas sans analogie avec celui d'un oiseau. Je ne dis pas qu'il soit impossible de rencontrer dans l'armée de pareils profils, mais je pense que l'art doit s'abstenir de les copier.

Le cuirassier, qui, en expirant, présente à la Patrie un trophée composé des dépouilles de l'Égypte, a le malheur de rappeler presque littéralement l'attitude de Bichat, placé de l'autre côté du fronton. Je professe pour la symétrie un respect religieux ; mais les lois de la symétrie ne sont pas applicables en toute occasion, et M. David, en donnant à deux personnages si différents une attitude presque identique, me paraît s'être mépris complètement. Que Bichat, déposant sur l'autel de la Science son *Traité de la vie et de la mort*, lève la tête et regarde d'un œil à demi éteint les couronnes que la Patrie distribue à ses glorieux enfants, je le conçois, et cependant je voudrais que Bichat fût composé plus simplement ; mais un soldat, même à son dernier soupir, doit garder un reste d'énergie militaire et se ranimer en voyant la couronne pour laquelle il a combattu. Or, le mouvement du cuirassier est à peu près le même que celui de Bichat. Le casque, en se renversant, laisse au-dessus de la tête, entre le front et la visière, un espace effrayant. N'eût-il pas été plus naturel de présenter le cuirassier tête nue ? La cuirasse n'eût-elle pas suffi à désigner clairement l'arme à laquelle appartient le soldat expirant ? Il est permis de croire que M. David a été poussé à la faute que je signale par la forme du fronton. Il a voulu mettre à profit toutes les parties de l'espace qui lui était dévolu, et il a placé deux figures pareilles de chaque côté de sa composition. Il me semble qu'il pouvait, tout en respectant la symétrie des masses, l'harmonie linéaire, attribuer à Bichat et au cuirassier de l'armée d'Égypte des mouvements dissemblables.

Gustave Planche

Je dois louer sans restriction le parti que l'auteur a su tirer des deux extrémités du fronton. La raison défend de blâmer l'identité des attitudes attribuées aux élèves des écoles savantes. Les figures de chaque côté jouent le même rôle ; il est naturel qu'elles décrivent la même ligne. Les poètes, les orateurs, les jurisconsultes futurs qui occupent l'extrémité gauche sont penchés sur leurs livres, comme les futurs officiers de génie et d'artillerie, qui occupent l'extrémité droite ; l'identité des mouvements était donc une nécessité,

M. David a bien fait d'accepter le costume moderne et de n'en rien retrancher ; préparé à la solution de cette difficulté par des études nombreuses, il a traité le vêtement de ses personnages avec hardiesse, avec liberté, et presque toujours avec élégance. Le vêtement de Voltaire est remarquable de souplesse et de largeur. Pourtant, si l'on veut bien parcourir d'un œil attentif les diverses parties de ce vêtement, on verra que M. David n'a rien négligé, rien omis. Depuis la cravate jusqu'au jabot, depuis les brandebourgs de la redingote jusqu'aux boucles de la culotte et des souliers, il a tout copié fidèlement d'après les portraits contemporains. Cette littéralité si scrupuleuse n'a rien de raide ni de servile. Tout en respectant les lignes du costume du XVIIIe siècle, tout en s'interdisant les corrections violentes, l'auteur ne s'est cependant pas abstenu d'interpréter le costume comme il avait interprété la tête. Il a dégagé le cou, déboutonné la partie supérieure du gilet, simplifié le jabot, augmenté l'ampleur de la redingote, et, grâce à ces modifications à peine sensibles, il a donné au costume de Voltaire une grâce et une beauté au-dessus de tout éloge. Ce que je dis de Voltaire, je pourrais le dire de Rousseau ; mais comme l'auteur *d'Émile* n'est placé qu'au second plan, les qualités que je signale seront moins généralement aperçues. Il y a six ans, quand M. David venait d'achever le tombeau du général Foy, nous lui reprochions d'avoir drapé à l'antique la statue du général, et ce dédain pour la réalité nous frappait d'autant plus, que les bas-reliefs du tombeau représentaient des personnages de notre temps, vêtus comme nous. La statue du maréchal Gouvion Saint-Cyr, postérieure de trois ans à la statue du général Foy, fut un premier retour vers la réalité. Le fronton du Panthéon achève de nous prouver que M. David ne croit plus à la nécessité des draperies académiques dans les sujets modernes. Il est fâcheux que la liste civile n'ait pas offert à cet artiste éminent l'occasion de compléter sa démonstration en lui demandant, pour les Tuileries, la statue d'un personnage choisi dans notre histoire. Sans doute la statue de Philopoemen, que nous verrons dans quelques semaines, se distinguera par des qualités précieuses, la richesse et la vérité de la musculature ne manqueront pas d'exciter notre admiration ; mais nous sommes encore à comprendre pourquoi la liste civile, au lieu d'orner une promenade publique de sujets nationaux, propose à nos méditations Thémistocle et Périclès, Cincinnatus et Philopœmen.

La robe de Malesherbes est loin d'avoir la même grâce et la même élégance que le vêtement de Voltaire, et pourtant elle offrait à la statuaire des ressources plus nombreuses. Si M. David eût consenti à ne pas traiter les plis de cette robe d'une façon uniforme, s'il eût montré l'homme sous la draperie, il est certain que Malesherbes fût devenu l'une des meilleures figures de son bas-relief ; mais les plis tombent en décrivant des lignes parallèles, et sont partout les mêmes. Ni les hanches ni les genoux ne sont indiqués ; la draperie a l'air d'être là pour elle-même, elle ne traduit rien, elle ne révèle aucune forme, et c'est pour cela précisément qu'il est impossible de ne pas la trouver mauvaise. Autant il serait ridicule de montrer les rotules sous les plis de la toge, autant il est nécessaire de montrer l'homme sous l'étoffe, et de varier les lignes de la draperie selon la forme et le mouvement du personnage. Ajoutons que M. David eût bien fait de supprimer le bonnet carré de Malesherbes ; cet élément de réalité est tout-à-fait inutile, et nuit singulièrement à la beauté des lignes. Tous les personnages placés près de lui ont la tête nue, et il n'y a aucune raison pour que Malesherbes demeure seul tête couverte parmi tous les hommes que la Patrie couronne. J'insiste à dessein sur les défauts de la toge de Malesherbes, parce que l'exemple de M. David peut entraîner dans la même faute un grand nombre de statuaires qui ne se recommanderaient pas par les mêmes qualités. C'est aux maîtres surtout que la critique doit s'adresser ; elle peut traiter avec indulgence, souvent même avec une bienveillance empressée, les premiers débuts d'un artiste encore inexpérimenté ; il lui est permis de passer sous silence les taches qu'elle a remarquées, car l'auteur de l'œuvre qu'elle applaudit ne fait pas autorité et n'entraînera personne à sa suite. Mais lorsqu'il s'agit d'un homme qui s'est déjà rendu célèbre par des œuvres nombreuses, il est juste, il est nécessaire de juger cet homme sans ménagement, avec une sévérité rigoureuse. Si la figure de Malesherbes se trouvait dans une composition signée d'un nom obscur, nous nous contenterions de la blâmer personnellement, sans nous croire obligé de publier notre blâme ; nous la trouvons dans une composition signée d'un nom justement célèbre, nous croyons remplir un devoir en énonçant notre désapprobation et en déduisant les motifs sur lesquels repose notre opinion, car c'est à ces conditions seulement que la critique peut espérer de servir à quelque chose. L'inflexible rigueur qui blesserait un talent novice s'applique sans danger aux talents éprouvés.

C'est pourquoi je ne crains pas de blâmer avec la même franchise le manteau de Manuel. Lors même que l'orateur aurait une attitude calme et réfléchie, ce manteau serait inutile ; puisque l'auteur, contre toute vraisemblance, a donné à Manuel un mouvement énergique et passionné, le manteau est encore moins acceptable que dans l'hypothèse précédente. Manuel à la tribune ne se draperait pas dans son manteau ; pour recevoir une couronne des mains de la Patrie, ne doit-il pas se présenter comme à la tribune, avec simplicité ? Qu'un statuaire, inhabile à reproduire les expressions diverses de la tête humaine, essaie de compléter le sens d'une physionomie obscure par un geste violent et même emphatique, je comprends et j'excuse cette faiblesse ; mais que M. David, qui pétrit et modèle toutes les parties de la tête humaine avec une si merveilleuse habileté, ne se renferme pas dans les limites de la vraisemblance et de la simplicité, qu'il tente d'exprimer le caractère de Manuel autrement que par les lignes et les plans de la tête, c'est une faute singulière, une faute grave, que nous ne pouvons lui pardonner. Habitué à étudier, à reproduire presque chaque jour des têtes d'une signification diverse, à résumer, dans un profil de quelques pouces ou dans un buste complet, tous les ordres de pensées qui ont rempli la vie de ses modèles, depuis la rêverie du poète jusqu'aux spéculations politiques, mieux que personne il sait que l'homme est tout entier dans l'expression de la tête, dans l'ardeur ou la limpidité du regard, dans les tempes jeunes ou dévastées. Il lui est arrivé si souvent d'exprimer, dans le bronze ou le marbre, la vie entière d'un homme sans nous donner autre chose que la tête de son modèle ; il s'est si souvent montré grand historien dans ses bustes et ses médaillons, que nous avons lieu de nous étonner en le voyant recourir à l'emphase du geste et de la draperie, pour exprimer l'énergie et la persévérance de Manuel. Si, au lieu d'envelopper l'orateur dans un manteau, il se fût contenté d'élargir les basques de son habit de façon à dissimuler la maigreur des lignes de notre costume, s'il lui eût donné un geste simple et calme, le geste qui convient à un homme pénétré de la sainteté de sa mission, je suis sûr que la tête de Manuel aurait paru beaucoup plus belle. En multipliant les moyens d'expression, M. David, loin d'ajouter au sens de la tête, a donné au personnage une sorte de vulgarité ; car l'éloquence, comme la bravoure, lorsqu'elle est vraie, lorsqu'elle est sûre d'elle-même, se complaît dans la simplicité. M. David ne l'ignore pas, et s'il a drapé Manuel, c'est qu'il a doué de lui-même.

Les trois figures allégoriques placées au centre de la composition, la Liberté, la Patrie et l'Histoire, sont admirables de grandeur et de franchise. La Patrie reçoit des mains de la Liberté les couronnes qu'elle distribue, et l'Histoire inscrit les noms des grands hommes couronnés. La Patrie est debout, l'Histoire et la Liberté sont assises. La tête de la Patrie satisfait à toutes les conditions de la sculpture monumentale ; non-seulement l'expression est ce qu'elle devait être, calme et majestueuse, mais l'inflexion de la tête, combinée avec la direction du regard, donne à cette figure un merveilleux caractère de prévoyance. Il semble que la Patrie plonge déjà dans les profondeurs de l'avenir, et qu'elle prépare, pour les services futurs que lui rendront ses enfants encore à naître, les trésors inépuisables de sa reconnaissance. Les lignes et les plans de la tête sont d'une simplicité comparable aux plus beaux monuments de l'art antique ; l'orbite est d'une ampleur prodigieuse, et la paupière supérieure, en se repliant sous la voûte de l'orbite, agrandit encore le champ du regard ; les bras sont modelés avec une pureté qui défie l'analyse la plus patiente, et qui révèle chez le statuaire, une science consommée. Pour agrandir la nature sur une pareille échelle sans violer l'harmonie des proportions, il faut connaître le modèle humain dans ses moindres détails, et surtout les relations qui régissent les diverses parties de ce modèle. Or, M. David est sorti victorieux de cette périlleuse épreuve ; les deux bras de la Patrie sont traités avec tant de vraisemblance, l'harmonie des proportions est si religieusement respectée, que l'œil s'aperçoit à peine de l'agrandissement du modèle ; malheureusement la draperie ne mérite pas les mêmes éloges. Je n'ai rien à dire des plis qui tombent sur les pieds ; mais, depuis les épaules jusqu'à la ceinture, l'étoffe est mal ajustée, les plis sont lourds et ne traduisent aucune forme. Phidias et Jean Goujon ajustaient leurs draperies sur le modèle vivant, et l'étoffe ciselée par leurs mains n'avait jamais une souplesse égoïste. Certes, si M. David eût suivi l'exemple de ses illustres devanciers, il n'aurait pas commis la faute que je lui reproche, et la draperie de sa figure, au lieu d'accabler le corps qu'elle recouvre, le dessinerait et continuerait, sous l'étoffe obéissante, les lignes et les contours des parties nues.

La tête de la Liberté est pleine d'ardeur et d'énergie ; les narines dilatées et palpitantes respirent l'enthousiasme ; l'œil levé vers la Patrie a quelque chose d'impérieux ; les lèvres fines et comprimées ajoutent encore à l'expression de la physionomie ; le profil entier de cette tête se recommande par les qualités les plus rares. La Liberté, telle que l'a conçue, telle que nous la montre M. David, est jeune, hardie, amoureuse du combat et de la mêlée ; mais sa hardiesse n'a rien de vulgaire. L'exaltation de ses traits concilie très bien la noblesse et la vivacité. Je ne blâme pas le bonnet phrygien dont M. David a coiffé la Liberté, car la tête et l'attitude de la figure, sans contredire les souvenirs de la révolution française, produisent, dans l'âme du spectateur, une émotion qui n'a rien de tumultueux. Or, cette émotion est précisément ce qui assure le triomphe du statuaire. Si M. David, en effet, eût donné à la Liberté une attitude militaire, s'il l'eût représentée appelant aux armes la jeunesse de la France, elle eût perdu en véritable grandeur ce qu'elle eût gagné en animation. L'auteur a vu l'écueil placé devant lui, et il a su l'éviter. La Liberté qu'il nous montre aime les combats, mais comprend toute la valeur de la paix ; son ardeur belliqueuse ne s'oppose ni au développement, ni à l'exercice de la clairvoyance. Elle tourne ses yeux vers la Patrie reconnaissante, mais elle est assise de telle sorte que, sans changer de place, en tournant la tête, elle pourra porter ses regards sur les représentants glorieux de l'art, de la science, de la magistrature. L'expression de la tête se concilie admirablement avec l'attitude. La draperie de cette figure, sans avoir toute la légèreté, toute la souplesse que l'œil pourrait désirer, est cependant très supérieure à celle de la Patrie ; la gorge se dessine sous l'étoffe avec précision ; la saillie des hanches est clairement indiquée. Les bras de la Liberté se distinguent comme les bras de la Patrie, par la grandeur et la simplicité du modelé, par la logique et l'harmonie des proportions. M. David a bien fait de confier à la Liberté le soin de tresser les couronnes que la Patrie distribue. Il ne faut pas voir, dans le rôle qu'il a donné à cette vierge belliqueuse, l'intention de taquiner le pouvoir, mais bien la complète intelligence, l'explication précise de la liberté qui convient aux peuples civilisés. Si la Patrie prend des mains de la Liberté les couronnes qu'elle distribue, c'est que toutes les conquêtes scientifiques, comme les conquêtes militaires, tournent au profit de la liberté, c'est que le développement de l'intelligence, aussi bien que le développement de la force, sert à l'affranchissement des nations. La Patrie agit donc sagement en consultant la Liberté.

L'Histoire, placée pour le spectateur à droite de la Patrie, obtiendra peut-être des suffrages plus nombreux que les deux figures précédentes : quoique traitée avec une grande largeur, elle se rapproche cependant d'une façon plus évidente du type de la beauté grecque. Les cheveux sont relevés avec une élégance ionienne ; les yeux respirent l'admiration et l'amour des grandes actions ; les lèvres sont modelées avec une finesse exquise, et la tête, légèrement inclinée en arrière, donne à la figure une grâce voluptueuse ; mais cette grâce pourtant n'a rien de frivole ni de mondain, et ne contredit pas la gravité de cette muse divine. La Clio sculptée par M. David est si naturellement belle, si bien familiarisée avec tous les mouvements qui révèlent une nouvelle face de la beauté, qu'elle rejette le cou en arrière sans se rendre coupable de coquetterie. Tout en choisissant la pose qui lui sied le mieux, elle n'oublie pas la tâche auguste qui lui est dévolue. Elle inscrit sur son livre les grandes actions que la Liberté juge et que la Patrie récompense. La main de l'Histoire fait le plus grand honneur à M. David ; le type de cette main est de la beauté la plus élevée ; les doigts sont longs, les phalanges distantes, et l'intervalle qui sépare du poignet la naissance de la première phalange assez richement mesuré pour donner une souplesse élégante à tous les mouvements de la main. La draperie de cette figure est plus légère, mieux conçue et mieux rendue que celle de la Patrie et de la Liberté. Les plis qui s'attachent sur l'épaule offrent une ligne heureuse, et les diverses parties du corps sont habilement indiquées par le mouvement de l'étoffe. La draperie de l'Histoire satisfait à toutes les lois enseignées par les maîtres de la statuaire ; elle ne se compose pas de plis capricieusement variés ; elle suit et elle explique la forme qu'elle enveloppe. Loin de cacher les parties nues qu'elle recouvre, elle ajoute à la beauté du corps le charme de l'indécision ; elle le dessine sans le montrer, et donne à l'œil le plaisir de deviner ce qu'il n'aperçoit pas. Je ne doute pas que la muse de l'Histoire ne contente les esprits les plus sévères.

Il y a donc beaucoup à louer dans les diverses parties du fronton de M. David. Si nous avons jugé sévèrement la composition, c'est que l'importance du sujet et le nom du statuaire nous prescrivaient la sévérité ; mais nous sommes heureux de pouvoir, sans manquer à la justice, à la vérité, recommander à l'admiration publique le plus grand nombre des figures que M. David a sculptées sur le fronton du Panthéon. Nous ne connaissons pas les bas-reliefs dont l'exécution a été confiée à M. Nanteuil, et qui seront placés au-dessus de la porte principale de l'édifice ; quels qu'ils soient, nous sommes sûr d'avance qu'ils ne s'accorderont pas avec le fronton de M. David, car la manière de M. Nanteuil et la manière de M. David se contredisent formellement. M. David, par la nature même de ses études habituelles, est porté à chercher dans l'histoire moderne le sujet de ses compositions. Familiarisé par le travail de chaque jour avec la vie et la physionomie des contemporains, il doit se proposer et il se propose, en effet, de trouver pour les sujets modernes un style moderne. Lorsqu'il lui arrive de rappeler les monuments de l'art antique, c'est une rencontre plutôt qu'une imitation. Il est, avant tout, homme de son temps, et c'est à l'intelligence de son temps qu'il doit la meilleure partie de sa popularité. Pour sculpter dans le marbre ou la pierre les grands épisodes de notre histoire, il n'a pas besoin de faire violence aux affections traditionnelles de l'Académie ; il n'est séparé de la scène qu'il veut reproduire par aucune doctrine inviolable. Il se souvient de la Grèce et de l'Italie, comme tous les statuaires qui aiment sincèrement la beauté suprême ; mais pour se trouver face à face avec l'histoire de son pays, il n'est pas forcé de traverser une haie de statues et de bas-reliefs, hors de laquelle la quatrième classe de l'Institut ne voit pas de salut pour l'art moderne. Il sait la juste valeur de l'imitation, et voit dans les monuments de l'antiquité un conseil, un enseignement qui ne le dispense pas de l'invention. Résolu à l'indépendance, à la personnalité, ne comprenant pas son art comme l'expression obéissante d'une tradition immuable, mais comme soumis à la fois au passé par l'intelligence, à l'avenir par la volonté, il n'a qu'à être lui-même pour se trouver à la hauteur des sujets qu'il accepte. Il modèle sans effort la tête d'un général ou d'un orateur, et n'est jamais troublé dans l'achèvement de son œuvre par le souvenir d'Ajax ou de Périclès. C'est pourquoi la sculpture du fronton convenait parfaitement à son talent ; et si la composition de M. David mérite plusieurs reproches, nous croyons pouvoir affirmer que personne, parmi les sculpteurs contemporains, n'aurait exécuté les morceaux qui assurent à cette composition l'admiration unanime de tous les esprits exercés.

M. Nanteuil est loin d'être placé sur le même terrain que M. David, car il est tellement absorbé dans le culte de la tradition, qu'il ne représente absolument rien par lui-même. Pour se ranger à l'avis que nous énonçons, il suffit de jeter les yeux sur l'Alexandre de M. Nanteuil. Cette statue, qui est aux Tuileries depuis plusieurs mois, semble proposée comme une énigme à la sagacité des promeneurs, et jamais sans doute il ne se fût rencontré un Œdipe capable de baptiser cet inintelligible guerrier. Heureusement, la liste civile a bien voulu nous révéler le nom du héros sculpté par M. Nanteuil, et nous savons aujourd'hui que cette figure académique, dont l'attitude inspire à tous les spectateurs un rire si expansif, s'appelle Alexandre. Pourquoi Alexandre plutôt que Darius ? En vérité, je ne le devine pas ; car le casque et le bouclier sont loin de caractériser le conquérant choisi par M. Nanteuil. Il est évident que l'auteur s'est proposé

Le fronton du Panthéon

exclusivement de composer une figure, et de montrer son savoir. Il s'est efforcé de montrer dans le torse et les membres tous les muscles dont l'académie recommande le volume plutôt que la beauté. C'est à peine s'il a tenu compte de la peau qui les recouvre, tant il désirait nous prouver qu'il les avait comptés. Nous aurions mauvaise grâce à nier l'accomplissement de son désir. La figure de M. Nanteuil ne ressemble à aucun homme vivant, il serait impossible de se tenir pendant vingt secondes dans l'attitude qu'il lui a donnée ; mais l'auteur a prouvé qu'il avait copié plusieurs centaines de fois tous les bras, toutes les jambes, tous les torses que M. Jacquet a moulés sur les marbres grecs et romains, et qui servent aux études de l'école. La statue de M. Nanteuil est complètement nulle, complètement inexplicable ; mais il est impossible de ne pas reconnaître dans M. Nanteuil un disciple docile, sinon intelligent, des traditions académiques. Quelle est, en effet, selon l'Académie, la manière la plus claire de prouver son respect pour les traditions ? N'est-ce pas de s'effacer si bien, de s'absorber si parfaitement dans l'imitation des monuments antiques, d'assembler dans une œuvre sans nom tant de morceaux connus, qu'il soit impossible au spectateur de dire : Cette œuvre est sortie des mains d'un homme nouveau ? Et l'Alexandre de M. Nanteuil ne satisfait-il pas à toutes ces conditions ? Il y a certainement parmi les élèves des Petits-Augustins vingt personnes capables de faire une statue pareille à celle de M. Nanteuil ; donnez-leur du marbre, ils vous le prouveront.

Quels que soient donc les sujets proposés à M. Nanteuil par le ministère, il est impossible que M. Nanteuil les ait traités dans un style qui s'accorde avec le fronton de M. David. L'homme qui, ayant à représenter une des plus grandes figures de l'antiquité, n'a trouvé sous son ébauchoir que la statue sans nom que nous voyons aux Tuileries, n'est pas et ne sera jamais capable de traiter un épisode de l'histoire moderne. Il est probable qu'il aura suivi la méthode prudente adoptée par Gérard pour les pendentifs de la coupole. Il aura cherché dans la pierre une série d'allégories fécondes en significations diverses, tellement souples qu'elles peuvent s'appliquer à tous les ordres d'idées ; et dans chacune de ces figures allégoriques, il aura trouvé moyen d'utiliser ses souvenirs. Sans vouloir juger des compositions qui nous sont inconnues, ce qui serait absurde, nous avons le droit d'affirmer que ces compositions auront toutes les qualités et tous les défauts de l'Alexandre. Or, il n'y a pas une partie de l'Alexandre qui indique le désir sincère de créer une œuvre personnelle, et sans ce désir il n'est pas possible de décorer le Panthéon.

Gustave Planche

De ce rapide parallèle de MM. David et Nanteuil, nous sommes forcé de conclure que la décoration sculpturale du Panthéon manquera d'unité aussi bien que la décoration pittoresque de la coupole et des pendentifs. Le style de Gérard ne s'accorde pas avec le style de Gros ; le style de M. Nanteuil ne s'accordera pas davantage avec le style de M. David. Lors même que les bas-reliefs de M. Nanteuil nous révéleraient chez l'auteur un mérite inattendu, lors même qu'ils réfuteraient victorieusement les conclusions tirées de l'Alexandre, et pour notre part nous le souhaitons vivement, il n'y aura jamais d'harmonie possible entre les bas-reliefs et le fronton. Or, supprimer l'harmonie, c'est supprimer la beauté. Des épreuves nombreuses, qui toutes ont eu le même résultat, je veux dire l'incohérence, auraient dû enseigner au ministère la nécessité de ne pas émietter les travaux de peinture et de statuaire, et de les confier aux plus dignes, sans tenir compte des murmures de l'impuissance. Qu'il se trompe et qu'il oublie ceux qui ont des droits réels, ce sera une faute ; mais dut moins la faute commise ne sera pas volontaire, et l'opinion publique ne tardera pas à réformer le goût du ministre. Ce qui importe à la nation qui paie la décoration des monuments, c'est d'avoir des monuments splendidement décorés ; elle ne s'inquiète pas du nombre des hommes entre lesquels le ministre a partagé l'œuvre à faire. Il ne faut donc pas nous lasser de protester contre la division des travaux, car nous soutenons la cause du bon sens.

Il nous reste à demander pourquoi le fronton de M. David n'est pas encore découvert. Nous ne comprenons pas la différence qui sépare les considérations politiques des considérations administratives, et, si c'est à ce dernier ordre de considérations que nous devons attribuer la volonté du ministère, il nous semble que le ministère eût bien fait d'expliquer quelles sont les considérations administratives qui s'opposent à ce que le fronton soit découvert. Les bas-reliefs de M. Nanteuil ne sont-ils pas achevés ? Il n'y a aucun inconvénient à montrer le fronton sans les bas-reliefs. Si nous sommes bien informé, et nous avons lieu de le croire, le fronton était terminé dès les premiers jours de juillet, et M. Destouches, architecte du Panthéon, pouvait, dans l'espace d'une semaine, enlever la charpente et les châssis qui masquent le fronton ; pourquoi donc s'est-il abstenu de les enlever ? Le temps est la seule considération administrative que le ministère puisse faire valoir. Or, le temps n'a pas manqué. Nous sommes donc forcé de croire que des considérations politiques s'opposent à ce que le ministère découvre l'œuvre de M. David.

Sans doute le clergé veut garder le Panthéon pour retrouver

Sainte-Geneviève ; il ne veut pas que le fronton d'un édifice autrefois consacré au culte catholique offre aux yeux de la foule l'image de Voltaire et de Rousseau ; il ne veut pas que les guerriers, les orateurs et les hommes d'état prennent la place de la croix et des rayons qui décoraient autrefois le fronton du Panthéon. Il nous semble que la religion n'a rien à voir dans ce débat, et si le clergé élève de pareilles prétentions, il est permis d'affirmer, sans impiété, que ces prétentions n'ont rien de raisonnable. Paris renferme des églises nombreuses, et chaque jour voit s'élever de nouvelles églises. La religion bien comprise ne proscrit pas la reconnaissance de la patrie pour les grands hommes qui l'ont honorée. D'ailleurs, le clergé a d'autant moins raison de protester contre la destination présente du Panthéon, qu'il n'a négligé aucune occasion de témoigner au gouvernement nouveau son mauvais vouloir. Lui céder sur ce point serait de la part du ministère une impardonnable faiblesse.

Le pouvoir craint-il, en découvrant le fronton de M. David, de réveiller des passions assoupies ? Voit-il dans cette œuvre une provocation au mépris des lois ? Mais, à l'exception de M. d'Argout, qui, en voyant le modèle de M. David, n'a dit précisément ni oui ni non, tous les ministres qui depuis sept ans ont siégé dans les conseils de la couronne ont accepté le programme du statuaire. M. Guizot et M. Thiers se sont associés par leur approbation à l'œuvre que vous cachez, et personne n'accusera M. Thiers ou M. Guizot de porter aux passions démocratiques un amour effréné. Tous deux ont prouvé en mainte occasion qu'ils aiment et qu'ils sont prêts à soutenir les institutions qui régissent aujourd'hui la France. Cacher l'œuvre de M. David, c'est déclarer que MM. Thiers et Guizot sont inhabiles au gouvernement du pays. Comment concilier cette déclaration avec les éloges décernés chaque jour à MM. Thiers et Guizot par ceux-là même qui n'approuvent pas ce que MM. Thiers et Guizot ont approuvé ? La contradiction est évidente et frappera les moins clairvoyants.

Et comme le fronton du Panthéon a été vu par plusieurs centaines de personnes, comme M. David a ouvert son atelier à tous ceux qui, sans le connaître, désiraient contempler son œuvre et l'étudier à loisir avant que le regard n'en fût séparé par un intervalle qui ne permettra pas de saisir la finesse de tous les morceaux, tout le monde sait à quoi s'en tenir sur les craintes du ministère. Il n'y a rien dans le fronton de M. David qui puisse exciter à la lutte les passions politiques. Chacun se plaira, sans doute, à chercher sur le fronton le profil d'un homme préféré ; mais cette curiosité n'aura jamais rien de dangereux pour le gouvernement établi. Chaque jour la tribune entend retentir des paroles auprès desquelles le fronton de M. David n'est qu'une œuvre inanimée ; car le statuaire n'a mis en présence de la Patrie, de l'Histoire et de la Liberté que les morts illustres, et cette imposante réunion, tout en inspirant la passion des grandes choses, n'a rien qui excite au mépris du présent. Impartiale et désintéressée, cette assemblée de grands hommes, qui reçoit le prix de son dévouement, encourage la foule à bien faire, mais ne la pousse pas aux luttes tumultueuses. Les vertus civiles occupent dans cette page immense autant de place que les vertus militaires ; pourquoi les premières seraient-elles sans autorité sur la foule ? pourquoi les secondes seraient-elles seules comprises ?

Nous ne pouvons croire que le ministère songe à mutiler le fronton de M. David. Si l'auteur a refusé de modifier sa composition, il a bien fait. Quoique le droit écrit accorde au pouvoir la faculté de cacher l'œuvre qu'il a payée, le bon sens public protesterait, nous n'en doutons pas, contre une pareille mesure ; car les 80,000 francs donnés à M. David par le ministère sont loin d'acquitter la nation envers le statuaire. Sans parler des dépenses matérielles, qui ont absorbé la moitié du salaire, et qui réduisent à 40,000 francs le prix de sept années de travail, nous croyons que la gloire entre, comme élément nécessaire, dans la récompense due à M. David. Il n'est pas plus juste de priver le statuaire de la gloire à laquelle il peut légitimement prétendre, en mettant son œuvre sous clé, que de priver un général d'armée de la gloire qu'il a conquise dans une bataille, en rayant son nom des bulletins victorieux. Les tribunaux, répondront les légistes, ne peuvent apprécier un pareil dommage. Le statuaire et le général d'armée sont payés ; la seule injustice dont nous puissions connaître se réduit à l'exécution incomplète des conditions convenues. L'administration a passé un traité avec le statuaire et l'homme de guerre pour un fronton et une victoire. Si toutes les conditions du traité ont été respectées, la plainte n'est qu'un enfantillage. Mais le bon sens parle plus haut que la loi écrite, et le bon sens veut que M. David obtienne la gloire qui lui appartient ; et comme la seule manière de réaliser l'espérance, de satisfaire au droit du statuaire, est de montrer son œuvre, il faut la montrer. Le ministère, nous l'espérons, éclairé par l'opinion publique, réduira au silence le mauvais vouloir du clergé, ou du moins ne pliera pas devant l'archevêque de Paris ; il comprendra qu'en mettant sous clé le portrait de Manuel, il s'expose à la raillerie. M. David obtiendra justice, et le fronton sera découvert.

ISBN : 978-1547040605

www.ingramcontent.com/pod-product-compliance
Lightning Source LLC
Chambersburg PA
CBHW061453180526
45170CB00004B/1685

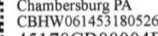